CARTA 4
La caridad en la transmisión de la fe

JOSEMARÍA ESCRIVÁ DE BALAGUER

CARTA 4
La caridad en la transmisión de la fe

Edición preparada por
LUIS CANO

EDICIONES RIALP
MADRID

© 2024 *by* Scriptor S. A.,
EDICIONES RIALP, S. A.,
Manuel Uribe 13-15, 28033 Madrid
(www.rialp.com)

Preimpresión: produccioneditorial.com

ISBN (edición impresa): 978-84-321-6672-3
Depósito legal: M-1150-2024

Impreso en España   *Printed in Spain*

Anzos, S. L. - Fuenlabrada (Madrid)

ÍNDICE

NOTA DEL EDITOR

Recogemos en este libro una carta de san Josemaría sobre la caridad en la transmisión de la fe. Está fechada el 16 de julio de 1933. Expone cómo debe ser el diálogo evangelizador con los hombres y mujeres que se quieren acercar a la fe de la Iglesia, conjugando el espíritu de comprensión y de respeto a la libertad de las conciencias, con la fidelidad al depósito de la fe. Está publicada con el n.º 4 en *Cartas I* (Rialp, 2020). San Josemaría no puso título a estas cartas; el título que lleva en esta edición es el que le pusieron los editores de la edición crítica. Este documento forma parte de un género literario particular de san Josemaría. No es un tratado: su estilo se parece más al de una conversación familiar que el fundador mantiene con los miembros del Opus Dei de todos los tiempos. El tono es semejante al que empleaba en las tertulias con personas de la Obra, en las que les transmitía de viva voz el espíritu, la historia y las tradiciones de la Obra.

Esta Carta, dirigida a los miembros del Opus Dei, trata del «camino que hemos de seguir en nuestra labor apostólica» (1). Concretamente, expone cómo debe ser el diálogo evangelizador con los hombres y mujeres que se quieren acercar a la fe de la Iglesia, conjugando el espíritu de comprensión y de respeto a la libertad de las conciencias, con la fidelidad al depósito de la fe. O, para decirlo con expresiones acuñadas por Escrivá, practicar la "santa transigencia" con las personas y al mismo tiempo la "santa intransigencia" con el error. El tema aparece ya en los primeros escritos de Escrivá durante los años treinta, pero cobra una especial actualidad en el contexto de 1966, cuando hizo llegar este texto a los miembros del Opus Dei. En momentos de crisis teológica y disciplinar en algunos sectores eclesiásticos, san Josemaría llama a la tolerancia con las personas —a evitar todo fanatismo o rigidez integrista— pero también a la fortaleza y a la claridad en la exposición de la doctrina.

La Carta describe el talante con el que debe desarrollarse la nueva evangelización —por usar una expresión actual— en medio de un mundo cada vez menos cristiano. El mensaje de Escrivá es de optimismo, de amor a todas las gentes —incluidos los que rechazan a Dios y a la religión–, de comprensión y convivencia, y al mismo tiempo de gran claridad: la fe y la moral son intangibles y no se pueden rebajar sus exigencias, pensando que los no creyentes se sentirán más atraídos por una versión edulcorada del cristianismo.

Su contenido se puede estructurar en varias partes, aunque las divisiones no son del todo netas. La primera (1-5) explica cómo se desenvuelve en el mundo el apostolado del Opus Dei, que es de amistad y confidencia con todos, lleno de comprensión, sin sentirse enemigos de nadie, procurando imitar a Cristo. Pasa a continuación a explicar en qué consiste la "santa transigencia" y la "santa intransigencia" (6-12). La fidelidad a la Revelación pide no ceder en la doctrina, manteniéndose firmes en la verdad. Pero al mismo tiempo, esa firmeza requiere el ejercicio de varias virtudes y un deseo de no rechazar a nadie, derrochando caridad y abominando del fanatismo. En los siguientes números (13-15) se extiende sobre ese último tema, insistiendo en la actitud de no rehuir a nadie, de convivir con todos, respetando y amando la libertad de cada uno, aunque se encuentren en el error, en un apostolado universal que se extiende a todas las criaturas. Continúa hablando del ejemplo de Jesucristo, al que todo discípulo debe imitar, siendo *alter Christus*, otro Cristo. Comenta varios ejemplos evangélicos, en los que se advierte en el Salvador la actitud que está describiendo en esta Carta (16-18); prosigue con otros ejemplos del Nuevo Testamento (19-21) en ese mismo sentido. Termina ocupándose del tema de la comprensión y el diálogo con los que se han apartado de la religión católica, la ignoran o incluso están en contra de ella (22-26). Su enseñanza es que hay que saber perdonar, tener espíritu universal, abrir «las puertas de nuestras casas a personas de todas las ideologías y de todas las condiciones sociales, sin distinción ninguna, con el corazón y los brazos dispuestos a acoger a todos» (25).

PRÓLOGO

Me produce una gran alegría el comienzo de la edición pública de las *Cartas* que san Josemaría escribió para los miembros del Opus Dei. Han pasado más de noventa años desde el 2 de octubre de 1928, día en que el Señor lo llamó para que fundara la Obra. Nueve décadas son muchas para la vida de una persona; en cambio, de ordinario no sucede lo mismo con una institución querida por Dios para su Iglesia.

San Josemaría hizo referencia, en cierto momento, a la historicidad propia de un carisma que está destinado a ser fecundo a lo largo del tiempo: «Permanece inconmovible el meollo, la esencia, el espíritu, pero evolucionan los modos de decir y de hacer, siempre viejos y nuevos, siempre santos»[1]. En este juego de identidad y dinamismo se expresa también la fidelidad a un espíritu que busca dar

---

[1] *Carta* 27, § 56.

vida en todas las épocas. Las *Cartas* que ahora se empiezan a publicar constituyen un valioso material para esta tarea ya que, de alguna manera, nos acercan a aquella fecha fundacional.

Durante los primeros años treinta del siglo pasado, san Josemaría se esforzaba por compaginar con su dedicación a la Obra, que daba sus primeros pasos, el resto de su trabajo pastoral, académico y su contribución al sostenimiento económico de su familia. Sabemos que la puesta en marcha del Opus Dei no fue una tarea sencilla: el mensaje que debía difundir —la llamada a la santidad en medio del mundo y tomando ocasión del mundo— no estaba en aquellos años veinte y treinta universalmente reconocido; es más, chocaba con la mentalidad más común. Se trataba de abrir a hombres y mujeres «los caminos divinos de la tierra», de mostrar que los nobles quehaceres humanos podían ser recorridos en comunión con Dios de modo que fueran también caminos de santidad.

Un día de abril de 1933 escribió: «Dios mío: ya lo ves; suspiro por vivir sólo para tu Obra, y en lo espiritual dirigir toda mi vida interior a la formación de mis hijos, con ejercicios, pláticas, meditaciones, cartas, etc.»[2]. El fundador se sirvió de la predicación oral y de los escritos

---

[2] *Apuntes íntimos*, n.º 1723.

como modo de profundizar y de transmitir el
mensaje de santidad en la vida ordinaria. Entre
los textos que se han conservado, destacan los que
denominó *Instrucciones* y también los que llamó
Cartas: ambos recogen consideraciones espirituales y prácticas en las que explica la naturaleza
y los apostolados del Opus Dei[3]. Ahora ven la luz
las cuatro primeras *Cartas* pastorales, gestadas precisamente durante esos años en Madrid aunque
—como se explica en el presente estudio— traba-
jadas definitivamente en Roma, años más tarde,
cuando adquirieron su forma actual.

San Josemaría preparaba una posible edición de las *Cartas* cuando el Señor le llamó a
su gloria. Y dejó indicado a sus sucesores que
las difundieran cuando la prudencia se lo acon-
sejase. Mi predecesor, Mons. Javier Echevarría,
tomó la decisión de iniciar el proceso de publicación hace casi diez años. Ahora, después de
diversos trabajos y estudios sobre el entero ci-
clo de estos textos —un *corpus* de escritos inédi-
tos de varios millares de páginas—, se ha podido
comenzar su publicación, que seguirá a lo largo

---

[3] Cfr. José Luis ILLANES, "Obra escrita y predicación
de san Josemaría Escrivá de Balaguer", SetD 3 (2009),
p. 218; Id., «Cartas (obra inédita)», en DJE, pp. 204-211;
Luis CANO, «Instrucciones (obra inédita)», en *ibíd*,
pp. 650-655.

de los próximos años. Este trabajo se encuadra dentro de la Colección de Obras Completas de San Josemaría, en edición crítica anotada, encomendada al Instituto Histórico San Josemaría Escrivá, con sede en Roma.

Las *Cartas* están dirigidas expresamente a los miembros del Opus Dei, pero iluminan todo el itinerario de la vida cristiana, con especial referencia a las incidencias y los valores de la vida en el mundo. Por eso san Josemaría previó que, cuando fuese oportuno, se hicieran accesibles a todas las personas interesadas en conocer y vivir el mensaje de santidad en la propia existencia.

Estos textos desarrollan ampliamente los elementos fundamentales del espíritu del Opus Dei, ya enunciados, con estilo distinto, en *Consideraciones Espirituales* y en *Camino* publicados entre 1932 y 1939. Y de todos, con mayor o menor extensión según los casos, se encuentran ecos en su predicación de aquellos años y de los sucesivos. En las cuatro *Cartas* que ahora se publican, se tratan con la fuerza que caracterizó la predicación de san Josemaría, temas nucleares de la llamada universal a la santidad y al apostolado en la vida ordinaria, y de sus múltiples implicaciones doctrinales y existenciales: la santificación del trabajo profesional, la vida de oración con la aspiración a ser contemplativos en medio del mundo, la inspiración cristiana de las realidades sociales, la libertad y responsabilidad del cristiano en sus actuaciones temporales, el valor humano y cristiano de la amistad. Esos y otros aspectos aparecen enraizados en lo más hondo y perenne de la vida cristiana: la filiación divina, la unión con Jesucristo en la Eucaristía y en la oración, la devoción a María Santísima, la conciencia de la vocación recibida con el bautismo y reforzada por la práctica sacramental, el amor a la Iglesia con la adhesión filial al Romano Pontífice y a todos los obispos en comunión con él.

Quisiera dar las gracias a los miembros del Instituto Histórico que han preparado con esmero esta edición de las primeras cuatro *Cartas*, así como a quienes se encuentran trabajando en la publicación de las siguientes. Más de una vez el lector se conmoverá con la lectura de estos escritos, que nos dan a conocer los pensamientos y deseos que ocupaban el corazón y la mente de san Josemaría. El eco de sus primeros años como fundador del Opus Dei está presente de modo vibrante en estas páginas. Algunas traen a la mente las conversaciones que, desde el principio, mantenía con quienes se acercaban a él; momentos que en Roma, años después, dieron lugar a tertulias en las que pasaba de un tema a otro para dar luz a quienes le escuchábamos, o en las que nos contaba detalles de la historia del Opus Dei. A su intercesión acudo para que nos ayude a profundizar en nuestro amor a Dios, a la Iglesia y a cada persona.

Roma, 28 de noviembre de 2019
Aniversario de la erección del Opus Dei
en Prelatura personal

Mons. FERNANDO OCÁRIZ
Prelado del Opus Dei

CARTA 4

[Sobre la caridad en la transmisión de la fe;
su íncipit latino es *Vos autem* y está fechada
del 16 de julio de 1933; salió de la imprenta
en enero de 1966]

Vos autem dixi amicos, quia omnia quaecumque
audivi a Patre meo, nota feci vobis[1]; os he llamado
amigos, porque os he hecho saber cuantas cosas
oí de mi Padre. Aquí tenéis, hijas e hijos de mi
alma, unas palabras de Jesucristo Señor Nuestro, que nos señalan el camino que hemos de
seguir en nuestra labor apostólica. Dios nos ha
llamado para llevar su doctrina a todos los rin-
cones del mundo, para abrir *los caminos divinos
de la tierra,* para hacer que conozcan a Jesucristo
tantas inteligencias que nada saben de Él, y —al
querernos en su Obra— también nos ha dado un
modo apostólico de trabajar, que nos mueve a la
comprensión, a la disculpa, a la caridad delicada
con todas las almas.

     Es el nuestro, un apostolado de amistad y
de confidencia. Deseamos repetir siempre con el
Espíritu Santo: *ego cogito cogitationes pacis et non*

---

[1] *Jn* 15,15.

afflictionis[2], tengo pensamientos de paz y no de aflicción, pensamientos que buscan la concordia, que tratan de conseguir un ambiente de caridad, indispensable para que la palabra de Dios arraigue en los corazones. *La caridad es el vínculo de la fraternidad, el fundamento de la paz, lo que da firmeza y permanencia a la unidad; es mayor que la fe y que la esperanza; adelanta al martirio y a todas las obras; permanecerá eternamente con nosotros en el Reino de los Cielos*[3].

Con todas las almas, en todos los ambientes.
Sembrar paz y amor

2   El Señor ha querido para nosotros ese espíritu, que es el suyo. ¿No veis su continuo afán por estar con la muchedumbre? ¿No os enamora contemplar cómo no rechaza a nadie? Para todos tiene una palabra, para todos abre sus labios dulcísimos; y les enseña, les adoctrina, les lleva nuevas de alegría y de esperanza, con ese hecho maravilloso, único, de un Dios que convive con los hombres.

Unas veces les habla desde la barca, mientras están sentados en la orilla; otras, en el

---

[2] Cfr. *Jr* 29,11.
[3] S. Cipriano de Cartago, *De bono patientiae*, 15 (CSEL 8, pp. 407-408).

monte, para que toda la muchedumbre oiga bien; otras veces, entre el ruido de un banquete, en la quietud del hogar, caminando entre los sembrados, sentados bajo los olivos. Se dirige a cada uno, según lo que cada uno puede entender: y pone ejemplos de redes y de peces, para la gente marinera; de semillas y de viñas, para los que trabajan la tierra; al ama de casa, le hablará de la dracma perdida; a la samaritana, tomando ocasión del agua que la mujer va a buscar al pozo de Jacob. Jesús acoge a todos, acepta las invitaciones que le hacen y —cuando no le invitan— a veces es Él quien se convida: *Zachaee, festinans descende, quia hodie in domo tua oportet me manere*[4]; Zaqueo, baja deprisa, porque conviene que hoy me hospede en tu casa.

Cristo *quiere que todos los hombres se salven*[5], que nadie se pierda; y se apresura a dar su vida por todos, en un derroche de amor, que es holocausto perfecto. Jesús no quiere convencer por la fuerza y, estando junto a los hombres, entre los hombres, les mueve suavemente a seguirle, en busca de la verdadera paz y de la auténtica alegría.

Nosotros, hijas e hijos míos, hemos de hacer lo mismo, porque nos empuja esa misma caridad 3

---

[4] *Lc* 19,5.
[5] *1 Tm* 2,4.

de Cristo: *caritas Christi urget nos*[6]. Con la luz siempre nueva de la caridad, con un generoso amor a Dios y al prójimo, renovaremos, a la vista del ejemplo que nos dio el Maestro, nuestras ansias de comprender, de disculpar, de no sentirnos enemigos de nadie.

Nuestra actitud —ante las almas— se resume así, en esa expresión del Apóstol, que es casi un grito: *caritas mea cum omnibus vobis in Christo Iesu!*[7]: mi cariño para todos vosotros, en Cristo Jesús. Con la caridad, seréis sembradores de paz y de alegría en el mundo, amando y defendiendo la libertad personal de las almas, la libertad que Cristo respeta y nos ganó[8].

La Obra de Dios ha nacido para extender por todo el mundo el mensaje de amor y de paz, que el Señor nos ha legado; para invitar a todos los hombres al respeto de los derechos de la persona. Así quiero que mis hijos se formen, y así sois.

A vuestra unidad de vida, debe corresponder una magnanimidad espontánea, renovada cada día, que ha de estar patente y se ha de manifestar en todas las cosas, de manera que —como fieles soldados de Cristo Jesús en el mundo— sepáis ofreceros en holocausto, diciendo de veras:

---

[6] Cfr. *2 Co* 5,14.
[7] *1 Co* 16,24.
[8] *Ga* 4,31.

con plena sinceridad, con alegría, me he entregado, Señor, con todo lo que tengo[9].

Comprensión, unidad

Esta ha de ser vuestra preparación, para el apos- **4**
tolado continuo que Jesús nos pide, como es continuo el latir del corazón. Hijos míos, el Señor nos ha llamado a su Obra en momentos, en los que se habla mucho de paz, y no hay paz: ni en las almas, ni en las instituciones, ni en la vida social, ni entre los pueblos. Se habla continuamente de igualdad y de democracia, y hay castas: cerradas, impenetrables.

Nos ha llamado en un tiempo, en el que se clama por la comprensión, y la comprensión no se vive, a veces ni entre las personas que obran de buena fe y quieren practicar la caridad, porque la caridad, más que en dar, está en *comprender*.

Son momentos, en los que los fanáticos y los intransigentes —incapaces de admitir razones ajenas— se curan en salud, tachando de violentos y agresivos a los que son sus víctimas. Nos ha llamado, en fin, cuando se oye hablar mucho de unidad, y quizá sea difícil concebir que pueda darse mayor desunión, no ya entre los hombres en general, sino entre los mismos católicos.

---

[9] *1 Cro* 29,17.

5 En esta atmósfera y en este ambiente hemos de dar el ejemplo, humilde y audaz al mismo tiempo, perseverante y sellado con el trabajo, de una vida cristiana, íntegra, laboriosa, llena de comprensión y de amor a todas las almas.

Exiit qui seminat seminare semen suum[10], salió el hombre a echar la semilla, y esto es lo nuestro: sembrar, dar buena doctrina, participar de todos los quehaceres y preocupaciones honradas de la tierra, para dar en ellos el buen ejemplo de los seguidores de Cristo.

Él, hijas e hijos míos, *coepit facere et docere*[11], primero hizo y después enseñó, y así quiero que seáis: santos de veras, en medio de la calle, en la universidad, en el taller, en el hogar, con una llamada del Señor particularísima, que no es de medias tintas, sino de *total entrega*.

Esa entrega, que al mismo tiempo ha de ser humilde y callada, os facilitará el conocimiento de la grandeza, de la ciencia, de la perfección de Dios, y os hará también saber la pequeñez, la ignorancia, la miseria que tenemos los hombres. Aprenderéis así a comprender las flaquezas ajenas, viendo las propias; a disculpar amando, a querer tratar con todos, porque no puede haber una criatura que nos sea extraña.

---

[10] *Lc* 8,5.
[11] Cfr. *Hch* 1,1.

Hijos míos, el celo por las almas ha de llevarnos a no sentirnos enemigos de nadie, a tener un corazón grande, universal, católico; a volar como las águilas, en alas del amor de Dios, sin encerrarnos en el gallinero de rencillas o de banderías mezquinas, que tantas veces esterilizan la acción de los que quieren trabajar por Cristo.

Es un celo tal —en una palabra— el que debemos tener, que nos llevará a darnos cuenta de que *in Christo enim Iesu neque circumcisio aliquid valet neque praeputium, sed nova creatura*[12], que —ante la posibilidad de hacer el bien— lo que verdaderamente cuentan son las almas.

Santa intransigencia y santa transigencia.
Defensa de la fe. Actitud con quien se equivoca

No se me ocultan las dificultades que podréis encontrar. Es cierto —os lo hago notar siempre— que, en este mundo del que sois y en el que permanecéis, hay muchas cosas buenas, efectos de la inefable bondad de Dios. Pero los hombres han sembrado también cizaña, como en la parábola evangélica, y han propalado falsas doctrinas que envenenan las inteligencias y les hacen

6

---

[12] *Ga* 6,15; *«in Christo ... nova creatura»*: «porque en Cristo Jesús, ni la circuncisión ni la falta de circuncisión importan, sino la nueva criatura» (T. del E.).

rebelarse, a veces rabiosamente, contra Cristo y contra su Iglesia Santa.

Ante esa realidad, ¿cuál ha de ser la actitud de un hijo de Dios en su Obra? ¿Será acaso la de pedir al Señor, como los hijos del trueno, que baje fuego a la tierra y consuma a los pecadores?[13]. ¿O tal vez lamentarse continuamente, como un ave de mal agüero o un profeta de desgracias?

Sabéis bien, hijas e hijos míos, que no es ésa nuestra actitud, porque el espíritu del Señor es otro: *Filius hominis non venit animas perdere, sed salvare*[14], y suelo traducir esa frase diciéndoos que hemos de ahogar el mal en abundancia de bien. Nuestra primera obligación es dar doctrina, queriendo a las almas.

La regla, para llevar a la práctica este espíritu, también la conocéis: la *santa intransigencia* con los errores, y la *santa transigencia* con las personas, que estén en el error. Es preciso, sin embargo, que enseñéis a muchas gentes a practicar esa doctrina, porque no es difícil encontrar quien confunda la intransigencia con la intemperancia, y la transigencia con la dejación de derechos o de verdades que no se pueden baratear.

---

[13] Cfr. *Lc* 9,54.
[14] *Lc* 9,56 (Vg).

Los cristianos no poseemos —como si fuera algo humano o un patrimonio personal, del que cada uno dispone a su antojo— las verdades que Jesucristo nos ha legado y que la Iglesia custodia. Es Dios quien las posee, es la Iglesia quien las guarda, y no está en nuestras manos ceder, cortar, *transigir* en lo que no es nuestro.

No es ésa, sin embargo, la razón fundamental   7
de la santa intransigencia. Lo que pertenece al depósito de la Revelación, lo que —fiándonos de Dios, que ni se engaña ni nos engaña— conocemos como verdad católica, no puede ser objeto de compromiso, sencillamente porque es la verdad, y la verdad no tiene términos medios.

¿Habéis pensado alguna vez en lo que resultaría si, a fuerza de querer *transigir*, se hicieran —en nuestra santa fe católica— todos los cambios que los hombres pidieran? Quizá se llegaría a algo en lo que todos estuvieran de acuerdo, a una especie de religión caracterizada sólo por una vaga inclinación del corazón, por un sentimentalismo estéril, que ciertamente —con un poco de buena voluntad— puede encontrarse en cualquier aspiración a lo sobrenatural; pero esa doctrina ya no sería la doctrina de Cristo, no sería un tesoro de verdades divinas, sino algo humano, que ni salva ni redime; una sal, que se habría vuelto insípida.

A esa catástrofe llevaría la locura de ceder en los principios, el ansia de disminuir diferencias doctrinales, las concesiones en lo que pertenece al depósito intangible, que Jesús entregó a su Iglesia. La verdad es una sola, hijos míos, y aunque en cosas humanas sea difícil saber de qué parte está lo cierto, en las cosas de fe no sucede así.

Por la gracia de Dios, que nos hizo nacer a su Iglesia por el bautismo, sabemos que no hay más que una religión verdadera, y en ese punto no cedemos, ahí somos intransigentes, *santamente intransigentes*. ¿Habrá alguien con sentido común —suelo deciros— que ceda en algo tan sencillo como la suma de dos más dos? ¿Podrá conceder que dos y dos sean tres y medio? La transigencia —en la doctrina de fe— es señal cierta de no tener la verdad, o de no saber que se posee.

8   No os dejéis engañar, por otra parte, cuando no se trata del conjunto de nuestra religión, si es que pretenden haceros *transigir* en algún aspecto que se refiera a la fe o a la moral. Las diversas partes que componen una doctrina —tanto la teoría como la práctica— suelen estar íntimamente ligadas, unidas y dependientes unas de otras, en mayor proporción, cuanto más vivo y auténtico es el conjunto.

Sólo lo que es artificial podría disgregarse sin perjuicio para el todo —que quizá ha carecido siempre de vitalidad—, y también sólo lo que es un producto humano suele carecer de unidad. Nuestra fe es divina, es una —como Uno es Dios— y este hecho trae como consecuencia que, o se defienden todos sus puntos con firme coherencia, o se deberá renunciar, tarde o temprano, a profesarla: porque es seguro que, una vez practicada una brecha en la ciudad, toda ella está en peligro de rendirse.

Defenderéis, pues, lo que la Iglesia indica, porque es Ella la única Maestra en estas verdades divinas; y lo defenderéis con el ejemplo, con la palabra, con vuestros escritos, con todos los medios nobles que estén a vuestro alcance.

Al mismo tiempo, movidos por el amor a la libertad de todos, sabréis respetar el parecer ajeno en lo que es opinable o cuestión de escuela, porque en esas cuestiones —como en todas las otras, temporales— la Obra no tendrá nunca una opinión colectiva, si la Iglesia no la impone a todos los fieles, en virtud de su potestad.

Por otra parte, junto a la *santa intransigencia*, el espíritu de la Obra de Dios os pide una constante *transigencia*, también santa. La fidelidad a la verdad, la coherencia doctrinal, la defensa de la fe no significan un espíritu triste, ni han de estar animadas por un deseo de aniquilar al que se equivoca.

Quizá sea ése el modo de ser de algunos, pero no puede ser el nuestro. Nunca *bendeciremos* como aquel pobrecito loco que —aplicando a su modo las palabras de la Escritura— deseaba sobre sus enemigos *ignis, et sulphur, et spiritus procellarum*[15]; fuego y azufre, y vientos tempestuosos.

No queremos la destrucción de nadie; la santa intransigencia no es intransigencia a secas, cerril y desabrida; ni es *santa*, si no va acompañada de la santa transigencia. Os diré más: ninguna de las dos son santas, si no suponen —junto a las virtudes teologales— la práctica de las cuatro virtudes cardinales.

Santa intransigencia y virtudes cardinales

9 Ante todo, la prudencia, para saber actuar de acuerdo con la verdadera caridad, evitando que un celo mal entendido ponga en peligro la santidad de vuestra intransigencia. Habéis de ser como una maza de acero, poderosa y firme, pero envuelta en funda acolchada, para no herir.

La caridad buena, el cariño que la prudencia os hará practicar, os llevará a decir las cosas con discernimiento, cuando convenga y del modo preciso; os hará sensibles a las necesidades y circunstancias del prójimo, sin caer en

---

[15] *Sal* 11[10],6 (Nv).

dejaciones inoportunas, pero al mismo tiempo confirmará vuestra fe, animará vuestra esperanza, os llevará a dar gracias a Dios, por haberos conservado en la plenitud de su verdad.

Justicia, para tratar a cada uno como se merece, sin generalizaciones ni simplificaciones superficiales, que tanto daño hacen y que tantos obstáculos ponen al buen entendimiento entre los hombres. Nunca olvidéis, hijos, que no se puede ser justo si no se conocen bien los hechos, si no se oyen tanto las campanas de un lado como las del otro, si no se sabe —en cada caso— quién es el campanero.

Fortes in fide[16], para defender virilmente la fe, para resistir y enseñar a resistir la fácil tentación de novedades, de querer divulgar o dar como dogma lo que son sólo teorías de especialistas. Es bueno buscar el progreso del conocimiento y de la exposición de la fe y de la moral, aceptando siempre el magisterio eclesiástico; pero no se puede ser tan irresponsable que se dé rienda suelta a cualquier idea o se difunda lo que es sólo una hipótesis de trabajo, quizá muy provisional y nada fundada.

Hay algunos, hijas e hijos míos, que, después de haber puesto en circulación opiniones peregrinas y confusas, recurren al ingenuo

---

[16] *1 P* 5,9.

expediente del niño glotón, y con ese argumento pretenden sacudirse de encima la responsabilidad: cuando el pequeño goloso se ha comido el bote entero de mermelada, se defiende diciendo que no sabía que tanto dulce podía hacer daño. Al pueblo cristiano hay que darle, antes de nada, la doctrina segura, neta, sin discusiones.

No se trata —sin embargo— de crear una religión para ignorantes, sino de ser realistas y darse cuenta de que muchas veces los conocimientos de la gente están al nivel de aquel a quien preguntaron: *¿qué sabes de San Isidoro de Sevilla?* Y contestó: *¿San Isidoro? ¡Ah, sí!: ése fue el fundador de la Giralda.*

La virtud de la templanza os llevará a no ser exagerados nunca, a no dejaros arrastrar por la ira, a no caer en el fanatismo. Un hijo de Dios en su Obra no puede seguir el ejemplo de los que aconsejan pegar al adversario en la cabeza, *para que no cojee.*

Obligación de convivir. No rechazar a nadie

10 Como veis, hijas e hijos queridísimos, la práctica armónica de la santa transigencia y de la santa intransigencia es fácil y es difícil: fácil, porque nos empuja la caridad de Cristo y nos ayuda su gracia; difícil, porque están en contra las malas inclina-

ciones de nuestra miseria personal, y es necesario tener en cuenta muchos factores, para no resolver los problemas falsa y apresuradamente.

En el coro de Santo Toribio de Liébana hay, según me dicen, unas ménsulas que parecen sostener los nervios de las bóvedas; algunos de vosotros las habréis visto. Una de las ménsulas representa una cabeza de perro, y la del lado opuesto, una cabeza de gato. Suelen explicar que el gato significa al hombre viejo, que todos llevamos dentro; y el perro alude al hombre nuevo, el que Jesucristo hizo nacer con su Redención. Pero a veces he pensado que esas ménsulas pueden ser también el símbolo del trato entre los hombres: naciones, credos religiosos, razas, personas que viven *como el perro y el gato*, siempre peleándose, pero que están en la obligación de convivir, sosteniendo el peso de la bóveda, la paz y la tranquilidad del mundo.

No olvidéis que, si hay cosas que desunen, también hay siempre cosas que unen, que pueden facilitar el trato respetuoso, amigable, leal; y que los hijos de Dios —en su verdadera Iglesia— hemos de saber aprovechar y poner de relieve, para atraer de ese modo a la luz *iis qui ignorant et errant*[17], a los que desconocen la verdad y están en el error.

---

[17] *Hb* 5,2.

Nunca me ha terminado de gustar ese ejemplo que algunos suelen poner para describir la conducta de un cristiano: las manzanas buenas, que se corrompen cuando en el cesto donde están se coloca un fruto podrido. Nosotros, hijos míos, no hemos de temer la convivencia con quienes no posean o no vivan la doctrina de Jesucristo.

Con las oportunas cautelas, no hemos de rechazar a nadie, porque tenemos los medios espirituales, ascéticos e intelectuales suficientes, para no dejarnos estropear: un hijo de Dios en la Obra no ha de dejarse influir por el ambiente, sino que ha de ser él quien dé el ambiente a los que le rodean, nuestro ambiente, el ambiente de Jesús Señor Nuestro, que convivía con los pecadores y les trataba[18].

Distinción entre el error y el que yerra.
Caridad con los equivocados

11   Las ideas malas no suelen ser totalmente malas; tienen ordinariamente una parte de bien, porque si no, no las seguiría nadie. Tienen casi siempre una chispa de verdad, que es su banderín de enganche; pero esa parte de verdad no es de ellas: está tomada de Cristo, de la Iglesia; y, por tanto,

---

[18] Cfr. *Lc* 15,2.

son esas ideas buenas —que están mezcladas con el error— las que han de venir detrás de los cristianos, que poseen la verdad plena; no hemos de ser nosotros los que vayamos detrás de ellas.

Pero ese criterio es válido sólo desde un punto de vista doctrinal; en el trato personal, en la práctica, sois vosotros los que habéis de ir en pos de los equivocados, no para dejaros arrastrar por sus ideologías, sino para ganarlos a Cristo, para atraerles suave y eficazmente a la luz y a la paz.

Con frecuencia me oís repetir que la Obra de Dios no es *antinada*. Ciertamente no podremos decir que el error es una cosa buena, pero los equivocados merecen nuestro cariño, nuestra ayuda, nuestro trato leal y sincero: y no agradaríamos a Dios, si se lo negáramos, simplemente porque no piensan como nosotros.

Debemos vivir, en una palabra, en una conversación continua con nuestros compañeros, con nuestros amigos, con todas las almas que se acerquen a nosotros. Esa es la santa transigencia. Ciertamente podríamos llamarla tolerancia, pero tolerar me parece poco, porque no se trata sólo de admitir, como un mal menor o inevitable, que los demás piensen de modo diferente o estén en el error. 12

Se trata también de ceder, de transigir en todo lo nuestro, en lo opinable, en aquello que

—no tocando lo esencial— podría ser motivo de discrepancia. Se trata, en fin, de limar asperezas, donde pueden limarse, para crear una plataforma de entendimiento, que facilite la luz a los equivocados.

Hay bastantes que claman por la transigencia, que desearían ceder en la moral de Cristo o que no tendrían dificultad en desvirtuar el dogma; pero que no toleran que les toquen su dinero, su comodidad, su capricho, su honor, sus opiniones. Quizá no tengan inconveniente en que se atente contra los derechos de la Iglesia, pero saltarán como víboras si alguien pretende intervenir en lo que consideran derechos personales, aunque muchas veces no son derechos sino arbitrio, embrollo, cosas poco claras.

Otros hacen al revés: convierten su vida en una perpetua cruzada, en una constante defensa de la fe, pero a veces se obcecan, olvidando que la caridad y la prudencia deberían regir esos buenos deseos, y se hacen fanáticos. A pesar de su recta intención, el gran servicio que quieren prestar a la verdad se desnaturaliza, y acaban haciendo más mal que bien, defendiendo quizá su opinión, su amor propio, su cerrazón de ideas.

Como el hidalgo de la Mancha, ven gigantes donde no hay más que molinos de viento; se convierten en personas malhumoradas, agrias, de celo amargo, de modales bruscos, que no encuentran nunca nada bueno, que todo lo ven negro, que tienen miedo a la legítima libertad de los hombres, que no saben sonreír.

En cierta ocasión me contaba un periodista sus intentos de encontrar la tumba de César Borgia, el famoso *condottiero* odiado por unos y ensalzado por otros. El periodista fue a Viana —en Navarra—, porque había oído que había sido enterrado ante la puerta de la iglesia. Expuso sus deseos, y alguien le dijo: *no se moleste en buscar; a ése... lo desenterré yo, y aventé sus cenizas en una era.*

Hay, por fin, otras personas que no atacan la fe, pero que tampoco la defienden. Se han metido en un escepticismo cómodo y egoísta, que bajo capa de respetar la opinión ajena se refugia en la indecisión y en la irresponsabilidad. Su actitud queda bien reflejada en aquellos versos, que alguno escribió en broma; si los escribió en serio, debemos concluir que había entendido el Evangelio tan mal como la preceptiva literaria: *en este mundo enemigo / no hay nadie de quien fiar. / Cada cual cuide de sigo, / yo de migo, tú de tigo, / y procúrese salvar.*

---

* Fulgencio AFÁN DE RIBERA, *La virtud al uso y mística á la moda, destierro de la hipocresía en frase de eshortacion á ella, embolismo moral* (1729), Madrid, Ibarra, 1820, pp. 56-57 (N. del E.).

Tratar a todos. Saber escuchar.
Amigos de la libertad

13 Nosotros, hijos queridísimos, hemos de tratar a todos, no hemos de sentirnos incompatibles con nadie. Hay muchas razones sobrenaturales que nos lo exigen, y ya os he recordado bastantes; quiero ahora haceros notar otra más.

Cuando venimos a la Obra, no nos apartamos del mundo; en el mundo estábamos antes de la llamada de Cristo, y en el mundo seguimos luego, sin que hayan cambiado nuestras aficiones y nuestros gustos, nuestro quehacer profesional, nuestra manera de ser. No habéis de ser mundanos, pero seguís siendo del mundo, gente de la calle, iguales a tantas personas que diariamente conviven con vosotros en el trabajo, en el estudio, en la oficina, en el hogar.

De esa convivencia tomáis ocasión para acercar las almas a Cristo Jesús, y es lógico que no la rehuyáis. Más aún, es preciso que la busquéis, que la fomentéis, porque sois apóstoles, con un apostolado de amistad y de confidencia, y no podéis encerraros detrás de ningún muro que os aísle de vuestros compañeros: ni materialmente —porque no somos religiosos—, ni espiritualmente, porque el trato noble y sincero con todos es el medio humano de vuestra labor de almas.

Vuestra conducta con los demás tendrá así unas características que nacen de la caridad: delicadeza en el trato, buena educación, amor a la libertad ajena, cordialidad, simpatía. ¡Lo dice tan claro el Apóstol! *Estando libre de todos, de todos me he hecho siervo, para ganar más almas. Con los judíos, viví como judío, para convertirlos; con los sujetos a la ley, he vivido como si estuviese sujeto a la ley, con no estarlo, sólo por ganar a los que vivían sujetos; con los que no estaban sujetos a la ley, he vivido como si yo tampoco lo estuviera —aunque tenía yo una ley respecto a Dios, teniendo la de Jesucristo— a cambio de ganar a los que vivían sin ley. Híceme flaco con los flacos, por ganar a los flacos; híceme todo para todos, por salvarlos a todos*[19].

Y añade la razón, cuando escribe a los Romanos: *todo el que invocare el nombre del Señor, será salvo. Pero ¿cómo le invocarán si no creen en Él? O ¿cómo creerán en Él, si de Él no han oído hablar? y ¿cómo oirán hablar de Él, si nadie les predica?*[20]. Para *predicar* a Cristo, hijos míos, no debéis limitaros a hablar o a dar buen ejemplo; es menester también que escuchéis, que estéis dispuestos a entablar un diálogo franco y cordial con las almas que deseáis acercar a Dios.

---

[19] *1 Co* 9,19-22.
[20] *Rm* 10,13-14.

Ciertamente encontraréis a muchos que, movidos por la gracia, no ansíen más que oír de vuestra boca la buena nueva; pero aun ésos tendrán cosas que decir: dudas, consultas, opiniones que quieren confrontar, dificultades. Escuchadles, tratadles, convivid con ellos para conocerles y para daros a conocer.

La Obra de Dios —no lo olvidéis— es lo más opuesto al fanatismo, lo más amigo de la libertad. Y estamos convencidos de que, para llevar a los demás la verdad, el procedimiento es rezar, comprender, tratarse; y luego, hacer discurrir y ayudar a estudiar las cosas.

Convivir con todos. Amigos de las personas: no, de sus errores. Apostolado universal

14   La vida de los hijos de Dios en su Obra es apostolado: de ahí nace en ellos el deseo constante de convivir con todos los hombres, de superar en la caridad de Cristo cualquier barrera. De ahí nace también su preocupación por hacer que desaparezca cualquier forma de intolerancia, de coacción y de violencia en el trato de unos hombres con otros.

Dios quiere que se le sirva en libertad, y por tanto no sería recto un apostolado que no respetase la libertad de las conciencias. Por eso, cada uno de vosotros, hijos míos, ha de procurar vivir en la práctica una caridad sin límites: comprendiendo a todos, disculpando a todos siempre que haya ocasión, teniendo, sí, un celo grande por las almas, pero un celo amable, sin modales hoscos ni gestos bruscos. No podemos colocar el error en el mismo plano que la verdad, pero —guardando siempre el orden de la caridad— debemos acoger con gran comprensión a los que están equivocados.

Siempre suelo insistir, para que os quede bien clara esta idea, en que la doctrina de la Iglesia no es compatible con los errores que van contra la fe. Pero ¿no podremos ser amigos leales de quienes practiquen esos errores? Si tenemos bien firme la conducta y la doctrina, ¿no podremos tirar con ellos del mismo carro, en tantos campos?

Por todos los caminos de la tierra nos quiere el Señor, sembrando la semilla de la comprensión, de la caridad, del perdón: *in hoc pulcherrimo caritatis bello*, en esta hermosísima guerra de amor, de disculpa y de paz.

No penséis que este espíritu es sólo algo bueno o aconsejable. Es mucho más, es un mandato imperativo de Cristo, el *mandatum novum*[21] de que tanto os hablo, que nos obliga a querer a todas las almas, a comprender las circunstancias de los demás, a perdonar, si algo nos hicieren

---

[21] *Jn* 13,34.

que merezca perdón. Nuestra caridad ha de ser tal, que cubra todas las deficiencias de la flaqueza humana, *veritatem facientes in caritate*[22], tratando con amor al que yerra, pero no admitiendo componendas en lo que es de fe.

15 El Señor nos ha llamado a su Obra, para que difundamos por toda la tierra su mensaje de amor infinito. No hay un alma que pueda quedar excluida de nuestra caridad. Cuando el cristiano comprende y vive la catolicidad de la Iglesia, cuando advierte la urgencia de anunciar la nueva de salvación a todas las criaturas, sabe que ha de hacerse *todo para todos, para salvarlos a todos*[23].

Y nuestro deseo apostólico se convierte efectivamente en vida; empieza por lo que tiene a su alcance, por el quehacer ordinario de cada día, y poco a poco extiende en círculos concéntricos su afán de mies: en el seno de la familia, en el lugar de trabajo; en la sociedad civil, en la cátedra de cultura, en la asamblea política, entre todos sus conciudadanos de cualquier condición social que sean; llega hasta las relaciones entre los pueblos, abarca en su amor razas, continentes, civilizaciones diversísimas.

---

[22] Cfr. *Ef* 4,15.
[23] *1 Co* 9,22.

Pero el apóstol ha de empezar a hacer su labor divina en lo que tiene a su lado, sin agotar su celo en fantasías, o en *ojalás*. Y ése es el consejo que os doy. Llegará el día, en el que podréis poner en práctica vuestros deseos de amor y de apostolado entre gentes de toda la tierra. Ahora, hijas e hijos míos, la Obra está naciendo y os veis materialmente reducidos a unos ámbitos limitados, pero el espíritu es universal y seremos también universales de hecho: nuestra empresa sobrenatural no conoce fronteras.

Imitar a Jesucristo. Diálogo de Dios con los hombres

Pero hoy y siempre hemos de estar dispuestos a convivir con todos, a dar a todos —con nuestro trato— la posibilidad de acercarse a Cristo Jesús. Hemos de sentirnos unidos a todos, sin distinciones, sin dividir a las almas en departamentos estancos, sin ponerles etiquetas, como si fueran mercancías o insectos disecados. No podemos separarnos de los demás, porque de lo contrario nuestra vida se haría miserable y egoísta. 16

Los cristianos no se distinguen de los demás hombres ni por el lugar de origen, ni por la manera de hablar ni por el modo de vivir. Son ciudadanos como los demás[24]. Los cristianos —nosotros, hijas e hijos

---

[24] *Ad Diognetum*, 5, 1.5 (SC 33, p. 63).

míos— hemos de imitar a Cristo, ser *alter Christus*, y Jesús Señor Nuestro tanto quiso a los hombres que se encarnó, tomó nuestra naturaleza y vivió treinta y tres años en la tierra, en contacto diario con pobres y ricos, con justos y pecadores, con jóvenes y viejos, con judíos y gentiles. ¿Queréis, pues, aprender de Cristo y tomar ejemplo de su vida? Abramos el Santo Evangelio, y escuchemos el diálogo de Dios con los hombres.

17   Un día —nos dice San Lucas en el capítulo XI— Jesús estaba orando. ¡Cómo sería la oración de Jesucristo! Los discípulos se encontraban cerca, quizá contemplándole, y cuando acabó le dijo uno de ellos: *Domine, doce nos orare, sicut docuit et Ioannes discipulos suos*[25]. Señor, enséñanos a orar, como enseñó también Juan a sus discípulos. *Y Jesús les respondió: cuando os pongáis a orar, habéis de decir: Padre, sea santificado tu nombre...*[26].

Hijas e hijos míos, notad la maravilla: los discípulos tratan a Jesucristo y, como fruto de sus conversaciones, el Señor les dice cómo han de orar, y les enseña el gran portento de la misericordia divina: que somos hijos de Dios, y que podemos dirigirnos a Él, como un hijo habla a su padre.

---

[25] *Lc* 11,1.
[26] *Lc* 11,2.

Trato con Dios, y trato también con los hombres: bastarán algunas escenas del Evangelio, entre tantas otras, para que comprendáis todavía mejor la hondura divina de nuestro apostolado de amistad y de confidencia.

La primera nos narra el encuentro de Jesús con Nicodemo. *Maestro —*dice aquel hombre, varón principal entre los judíos— *sabemos que has venido de Dios para enseñarnos; porque ninguno puede hacer los milagros que tú haces, si no tiene a Dios consigo*[27]. Jesús le responde, hijos míos, con una frase que aparentemente no tiene nada que ver con lo que pronunció Nicodemo, pero que atrae su atención y le capta; provoca el diálogo de su interlocutor: *pues en verdad, en verdad te digo que quien no naciere de nuevo no puede ver el reino de Dios*[28].

18

Así empezó la conversación, que ya sabéis; conocéis igualmente el resultado: a la hora del *fracaso de la cruz*, allí estará Nicodemo, para pedir valientemente a Pilatos el Cuerpo del Señor.

Pero ¿y la samaritana? ¿Acaso Jesucristo no hace igual, comenzando a hablar con ella, tomando la iniciativa, a pesar de que *non enim coutuntur Iudaei Samaritanis*[29], a pesar de que no

---

[27] *Jn* 3,2.
[28] *Jn* 3,3.
[29] *Jn* 4,9.

había trato entre judíos y samaritanos? Jesús habla de lo que sabe que interesa a aquella mujer, del agua que todos los días ha de ir a buscar fatigosamente al pozo de Jacob, de un agua viva, tan portentosa que *qui autem biberit ex acqua, quam ego dabo ei, non sitiet in aeternum*[30], que el que la bebiera nunca jamás tendrá sed.

Los frutos del diálogo de Cristo aparecen también en el Evangelio: la conversión de aquella pecadora, la transformación de su alma, que se hace alma apostólica —*venite et videte hominem, qui dixit mihi omnia quaecumque feci: numquid ipse est Christus?*[31]; venid y ved al hombre que me ha dicho todo lo que he hecho, ¿acaso no es Cristo?—; y la fe de muchos otros samaritanos que primero *creyeron en Él por las palabras de la mujer*[32], y que luego afirmaban: *ya no creemos por lo que tú has dicho, pues nosotros mismos le hemos oído y hemos conocido que éste es verdaderamente el Salvador del mundo*[33].

En otra ocasión, es un joven rico —de buena familia, diríamos hoy— el que hizo una pregunta al Señor: *Maestro bueno, ¿qué podré hacer para alcanzar la vida eterna?*[34]; y Jesús le responde: *¿por*

[30] *Jn* 4,13.
[31] *Jn* 4,29.
[32] *Jn* 4,39.
[33] *Jn* 4,42.
[34] *Lc* 18,18.

*qué me llamas bueno? Nadie es bueno sino sólo Dios.
Por lo demás, si quieres entrar en la vida eterna, guarda los mandamientos. Díjole él: ¿qué mandamientos?
Contestó Jesús: no matarás, no cometerás adulterio,
no hurtarás, no levantarás falso testimonio, honra a
tu padre y a tu madre, y ama a tu prójimo como a ti
mismo. Dijo el joven: todos esos mandamientos los he
guardado desde mi niñez. ¿Qué más me falta?*[35].

Con ojos humanos, hijos míos, ésa era la
gran ocasión del compromiso. ¿Qué otras cosas
podrían desearse, para que ese joven rico —*dives
erat valde*[36]— y de influencia, se uniera al grupo de
los seguidores de Cristo? La respuesta de Jesús,
sin embargo, no podía ser más que una, porque
no caben componendas en la doctrina, a pesar de
que *transigiendo* parezcan alcanzarse resultados
apostólicos; la contestación del Señor está llena
de cariño —tanto, que cuando el muchacho se
fue triste, un lamento salió del corazón de Dios—,
pero es clara, rotunda, sin ambigüedades que
oculten la dureza de la verdad: *todavía te falta una
cosa: vende todo lo que tienes, da el dinero a los pobres,
y tendrás un tesoro en el cielo; y después, ven y sígueme*[37].

Aún otro ejemplo más: aquel que el Señor
nos da desde la Cruz, como para enseñarnos que

---

[35] *Mt* 19,17-20.
[36] *Lc* 18,23.
[37] *Lc* 18,22.

el afán de almas, que nos mueve a tratar, a conversar, a dialogar con los hombres, ha de ponerse de manifiesto hasta la muerte. Es la charla emocionante, conmovedora, que Cristo mantiene en lo alto del Gólgota con los dos ladrones que están crucificados con Él.

Esta vez no ha sido Jesús quien ha empezado la conversación, pero su presencia en el patíbulo y sus sufrimientos son más elocuentes que cualquier palabra. *Si tú eres el Cristo, sálvate a ti mismo y sálvanos a nosotros*[38], dijo blasfemando el mal ladrón. Y el bueno: *¡cómo!, ¿ni aun tú temes a Dios, estando como estás en el mismo suplicio? Nosotros estamos justamente en el patíbulo, pues pagamos la pena merecida por nuestros delitos; pero éste ningún mal ha hecho. Y dijo después a Jesús:* Domine, memento mei; *Señor, acuérdate de mí, cuando hayas llegado a tu reino*[39]. Hijos míos, la breve respuesta de Jesús, que interviene en la conversación entre los dos malhechores, fue la salvación para el que estaba arrepentido: *en verdad te digo, que hoy estarás conmigo en el paraíso*[40].

---

[38] *Lc* 23,39.
[39] *Lc* 23,40-42.
[40] *Lc* 23,43.

Ejemplo de los primeros cristianos

Basten esos pocos ejemplos, para que nunca se   19
nos olvide cómo y con qué espíritu hemos de
realizar nuestra labor de almas. Nuestra mayor
ambición ha de ser la de vivir como vivió Cristo
Señor Nuestro; como vivieron también los primeros fieles, sin que haya división por motivos
de sangre, de nación, de lengua o de opinión.

Hemos de enseñar además a todos los católicos, a todos los hombres, ese mandato nuevo
que antes os recordaba. Me parece oír gritar a San
Pablo, cuando dice a los de Corinto: *divisus est
Christus? Numquid Paulus crucifixus est pro vobis? aut
in nomine Pauli baptizati estis?*[41]; ¿acaso Cristo está
dividido?; ¿por ventura Pablo ha sido crucificado
por vosotros, o habéis sido bautizados en su nombre, para que vayáis diciendo: *yo soy de Pablo, yo de
Apolo, yo de Cefas, o yo de Cristo?*[42].

Ser todos hijos de Dios, haber sido todos
redimidos por Jesucristo es la razón más profunda de la unidad entre los hombres, y no hacen
falta otros títulos. Al oro, a la plata limpia no
se les ponen apodos: cuando la plata es plata,
y el oro es oro, se les llama así, sin más. Si se
les coloca detrás un calificativo —un apellido, a

---

[41] *1 Co* 1,13.
[42] *1 Co* 1,12.

veces—, no es buen metal: es una imitación de poco precio.

Trato con los que están en el error.
Conocer sus razones.

20   Dentro del orden de la caridad —insisto—, daremos un trato lleno de cariño a los que, por ignorancia, por soberbia o por la incomprensión de otros, se acercan al error o han caído en él. Si la gente se equivoca, hijas e hijos míos, no es siempre por mala voluntad: hay ocasiones, en las que yerran, porque no tienen medios para averiguar la verdad por sí mismos; o porque encuentran más cómodo —y hemos de disculparles— repetir bobamente lo que acaban de oír o de leer, y hacen así eco a falsedades.

Es necesario conocer las razones que puedan tener. No es grato a Dios juzgar sin escuchar al reo, a veces en las sombras del secreto y en no pocas ocasiones —dada la triste debilidad humana— con testigos y acusadores que se sirven del anonimato para calumniar o difamar.

Faltaría a la verdad, hijos, si os dijera que este consejo que os doy viene sólo de experiencia ajena: lo he vivido en mi carne, pero —por gracia de Dios— puedo decir también que desde entonces amo más a la Iglesia, justamente porque hay eclesiásticos que condenan sin escuchar.

¿Os acordáis de aquellas escenas que nos 21
cuenta el Evangelio, narrando la predicación
de Juan el Bautista? ¡Buen murmullo se había
organizado! ¿Será el Cristo, será Elías, será un
Profeta? Tanto ruido se armó que *los judíos le
enviaron desde Jerusalén sacerdotes y levitas, para
preguntarle: ¿tú quién eres?*[43].

También, con ojos poco sobrenaturales, podría parecer que Juan desaprovecha una ocasión
de hacer prosélitos. Incluso podía haber contesta-
do con el testimonio que Jesús había de dar de él:
*ipse est Elias, qui venturus est. Qui habet aures audiendi
audiat*[44]; él es aquel Elías que debía venir. El que
tenga oídos para entender, entiéndalo.

Pero los que fueron a preguntar a Juan no
estaban en disposición de comprender bien esas
otras palabras, y *él confesó la verdad y no la negó...
Yo soy la voz del que clama en el desierto*[45]. Y verdaderamente en el desierto cayeron sus palabras,
porque aquellos que parecían desear la verdad,
no la escucharon.

Otro tanto había sucedido cuando Jesús
empezó su vida pública: murmullos, sorpresa, te-
mor, celos... Se había esparcido su fama —dice el
Evangelio— *por toda la Judea y por todas las regiones*

---

[43] *Jn* 1,19.
[44] *Mt* 11,14-15.
[45] *Jn* 1,20.23.

circunvecinas[46]. Llegaron también los rumores a oídos de los que seguían al Bautista, y *de todas estas cosas informaron a Juan sus discípulos. Y Juan, llamando a dos de ellos, les envió a Jesús para que le hicieran esta pregunta: ¿eres Tú aquel que ha de venir, o debemos esperar a otro?*[47].

¡Qué bonita es la conducta de Juan el Bautista! ¡Qué limpia, qué noble, qué desinteresada! Verdaderamente preparaba los caminos del Señor: sus discípulos sólo conocían de oídas a Cristo, y él les empuja al diálogo con el Maestro; hace que le vean y que le traten; les pone en la ocasión de admirar los prodigios que obra: *los ciegos ven, los cojos andan, los leprosos quedan limpios, los sordos oyen, los muertos resucitan, se anuncia el evangelio a los pobres*[48].

Hijos míos, como hizo Juan, hemos de tener siempre la fortaleza de informarnos antes de opinar; y hemos de enseñar a todos a hacer lo mismo, sin que se dejen llevar por las apariencias de chismes o habladurías. Decir de una persona que es honrada y de conducta intachable, aunque sea cierto, desgraciadamente no es noticia, no llama la atención; mientras que atribuirle toda clase de maquiavelismos o

---

[46] *Lc* 7,17.

[47] *Lc* 7,18-19.

[48] *Lc* 7,22.

de trapisondas, aunque no sea ésa la verdad, es atrayente y se divulga, por lo menos como hipótesis o como rumor.

Diálogo con los que no conocen nuestra religión
y con los que se han apartado de la fe católica

Tened comprensión, aun con esos que no parecen capaces de entender al prójimo, y le juzgan apresuradamente. Vuestro cariño y vuestro ejemplo, llenos de rectitud, les servirán como el mejor estímulo, al ver que lucháis y vencéis, con la gracia de Dios, las malas inclinaciones, la tendencia al error que todos tenemos.   **22**

Lo mismo da que sean almas alejadas del Señor, o que se trate de la incomprensión de los *buenos*. Sus prejuicios nacen precisamente de la falta de trato, de la ausencia de un diálogo franco, que les ayude a comprender lo que no *entienden*. No seremos nosotros los que nos neguemos a ese diálogo y, si ellos se niegan, no les guardéis rencor, porque su incomprensión nos santifica. El enfermo sensato no guarda rencor al bisturí, que el médico ha empleado para curarle.

Vuestro cariño, vuestro trato sincero y noble, han de ser también para los que no conocen nuestra religión, y para los que se han apartado de la fe católica. Les admitiremos siempre junto a nosotros y —sin ceder en la doctrina, porque no es nuestra— transigiremos con las personas, les invitaremos a trabajar codo a codo con nosotros, en el corazón de nuestras labores; les pondremos en el centro de lo que más amamos en la tierra, les daremos la gran ocasión de convertirse en mano y en brazo de Dios, para hacer su Obra en el mundo.

23 Veréis cómo esa conducta vuestra les acercará a la fe, que nunca tuvieron o que perdieron, tantas veces sin demasiada culpa por su parte. Cuando esto suceda, vuestro cariño deberá redoblarse; habréis de continuar andando juntos por la vida, dialogando como amigos sinceros, adivinando sus posibles dificultades, para afirmarles más en la buena senda; fortaleciendo científicamente vuestra fe, porque es estéril —es contraproducente— cualquier intento de dialogar sobre esas cuestiones, sin doctrina y sin don de lenguas.

Tenéis aquí otra razón más para que sintáis la urgencia de una sólida formación, continua, profunda, bien basada en principios seguros. Con esa preparación, no habéis de temer la convivencia con quienes estén en el error. ¡Qué tristeza me da haber oído a veces, refiriéndose a personas que han abrazado nuestra fe, después de estar años, quizá toda una vida, sin conocer la Luz: *es un converso; ¡hay que tener cuidado!*

Hay que tener cuidado para amarles más, sin suspicacias, con alegría, *porque habrá más fiesta en el cielo por un pecador que se convierta, que por noventa y nueve justos que no tienen necesidad de penitencia*[49]. Pero hay que tener cuidado también, para no traicionar sus deseos de estar con Cristo, para no darles como bueno lo que no es; para que, por su inseguridad —son como niños recién nacidos a la fe— o por sus ímpetus fogosos, no se desvíen del buen camino que han empezado a seguir.

*No estar contra nadie. Comprensión con todos.
Saber perdonar*

Aún no se agota nuestra caridad: hemos de convivir también con los que están enfrente a Cristo, porque —de lo contrario— no les podremos hacer el bien de dárselo a conocer. No os dejéis seducir, sin embargo, por falsas tácticas de apostolado, porque encontraréis gentes obcecadas, incluso por el mismo buen deseo de ganar almas, que —con la excusa de ir a buscar la oveja perdida— terminarán cayendo en las arenas movedizas del error que quieren combatir, engañados por compromisos, cedimientos o transigencias imprudentes.

24

---

[49] *Lc* 15,7.

Queremos hacer el bien a todos: a los que aman a Jesucristo y a los que quizá le odian. Pero éstos nos dan además mucha pena: por eso hemos de procurar tratarles con afecto, ayudarles a encontrar la fe, ahogar el mal —repito— en abundancia de bien. No hemos de ver a nadie como enemigo: si combaten a la Iglesia por mala fe, nuestra recta conducta humana, firme y amable, será el único medio para que, con la gracia de Dios, descubran la verdad o al menos la respeten.

Si sus ataques nacen de la ignorancia, nuestra doctrina —confirmada por el ejemplo— podrá hacer caer el velo de sus ojos. Defenderemos siempre los derechos santos de la Iglesia, pero lo procuraremos hacer sin herir, sin humillar, procurando no levantar suspicacias ni resentimientos.

¿Contra quién estamos? Contra nadie. No puedo querer al diablo, pero a todos los que no sean el diablo —por malos que sean o que parezcan— los quiero bien. No me siento ni me he sentido nunca contrario a nadie; rechazo las ideas que van contra la fe o contra la moral de Jesucristo, pero al mismo tiempo tengo el deber de acoger, con caridad de Cristo, a todos los que las profesen.

Muchas veces esos errores son fruto de una equivocada formación. En no pocos casos, esos pobrecillos no habrán tenido a nadie que les enseñara la verdad. Pienso, por eso, que el día del juicio serán muchas las almas que responderán a Dios, como contestó el paralítico de la piscina —*hominem non habeo*[50], no hubo nadie que me ayudara— o como replicaron aquellos obreros sin trabajo, a la pregunta del dueño de la viña: *nemo nos conduxit*[51], no nos han llamado a trabajar.

Aunque sus errores sean culpables y su perseverancia en el mal sea consciente, hay en el fondo de esas almas desgraciadas una ignorancia profunda, que sólo Dios podrá medir. Oíd el grito de Jesús en la cruz, excusando a los que le mataban: *Pater, dimitte illis: non enim sciunt quid faciunt*[52]; Padre, perdónalos, porque no saben lo que hacen. Sigamos el ejemplo de Jesucristo, no rechacemos a nadie: por salvar un alma, hemos de ir hasta las mismas puertas del infierno. Más allá no, porque más allá no se puede amar a Dios.

Espíritu universal

Este es nuestro espíritu, y lo demostraremos siempre abriendo las puertas de nuestras casas a personas de todas las ideologías y de todas las condiciones sociales, sin distinción ninguna, con el corazón y los brazos dispuestos a acoger a todos.

25

---

[50] *Jn* 5,7.
[51] *Mt* 20,7.
[52] *Lc* 23,34.

No tenemos la misión de juzgar, sino el deber de tratar fraternalmente a todos los hombres.

No hay un alma que excluyamos de nuestra amistad, y ninguno se debe acercar a la Obra de Dios y marcharse vacío: todos han de sentirse queridos, comprendidos, tratados con afecto. Al último pobrecillo que esté ahora en el rincón más escondido del mundo, haciendo mal, le quiero también y, con la gracia de Dios, daría mi vida por salvar su alma.

Con la mente clara, con la formación que recibís, sabréis en cada caso qué es lo esencial, qué es aquello en lo que no se puede ceder. Estaréis también en condiciones de discernir esas otras cosas que algunos tienen como inmutables, cuando no son más que el producto de una época o de unas determinadas costumbres: y ese discernimiento os facilitará la disposición de ceder gustosamente. Y cederéis también —cuando estén en juego las almas— en lo que todavía es más opinable, que es casi todo.

Insisto, sin embargo, en que no debéis dejaros engañar por falsas compasiones. Muchos que parecen movidos por deseos de comunicar la verdad, ceden en cosas que son intangibles, y llaman comprensión con los equivocados, a lo que sólo es una crítica negativa, a veces brutal y despiadada, de la doctrina de nuestra Madre la Iglesia. Tampoco dejéis de comprenderlos, pero defended al mismo tiempo la verdad, con calma, con mesura, con firmeza, aunque cuando lo hagáis no falten algunos que os *acusen* de hacer apologías.

Serán maravillosos los frutos humanos y sobrenaturales que nacerán de esa conducta vuestra. La Obra de Dios es un gran instrumento para hacer feliz a la humanidad, si somos fieles: y seremos fieles porque *fiel es Dios, que nos fortalecerá y nos defenderá del mal espíritu*[53].   **26**

Veo a la Obra proyectada en los siglos, siempre joven, garbosa, guapa y fecunda, defendiendo la paz de Cristo, para que todo el mundo la posea. Contribuiremos a que en la sociedad se reconozcan los derechos de la persona humana, de la familia, de la Iglesia. Nuestra labor hará que disminuyan los odios fratricidas y las suspicacias entre los pueblos, y mis hijas y mis hijos —*fortes in fide*[54], firmes en la fe— sabrán ungir todas las heridas con la Caridad de Cristo, que es bálsamo suavísimo.

¿No os da alegría que el Señor haya querido para nuestra empresa sobrenatural ese espíritu, que palpita en el Evangelio, pero que tan olvidado parece estar en el mundo?

[53]   *2 Ts* 3,3.
[54]   *1 P* 5,9.

Agradecédselo a Jesús, agradecédselo a Santa María; y renovad vuestras ansias de corredención y de apostolado. ¡Qué gran labor nos espera! Porque, el que comenzó en nosotros la Obra, la llevará a término[55].

Que el Señor me guarde a esos hijos.

Madrid, 16 de julio de 1933.

---

[55]   Cfr. *Flp* 1,6.

ESTE LIBRO, PUBLICADO POR
EDICIONES RIALP, S. A.,
MANUEL URIBE 13-15, 28033 MADRID,
SE TERMINÓ DE IMPRIMIR EN
ANZOS, S. L. FUENLABRADA (MADRID),
EL DÍA 13 DE FEBRERO DE 2024.